Silvio Pellico

Lettere d'amore

all'attrice

Teresa Marchionni

(giugno-ottobre 1820)

Edizione critica

a cura di Cristina Contilli

Lulu.com

3101 Hillsborough Street

Raleigh, NC 27607

USA

Printed in 2012.

TERZA EDIZIONE

PER INFORMAZIONI:
http://www.scrittoriromanticitaliani.ilcannocchiale.it/

Le immagini presenti nel libro sono tutte dell'800 e sono ormai libere dal diritto d'autore. Alcune sono tratte da wikimedia commons altre sono tratte dalle prime edizioni delle opere del Pellico che ho avuto la possibilità di rintracciare e fotografare.

Silvio Pellico
in un ritratto del 1820.

Introduzione

Silvio Pellico ha avuto poche, ma intense storie d'amore. Piero Maroncelli nella nota biografica, pubblicata insieme all'edizione parigina de *Le mie prigioni*, ricorda il primo amore dell'amico: un'adolescente torinese di nome Carlottina, morta a quindici anni, un amore delicato e innocente che il Pellico, chiuso nello Spielberg, ricordava ancora con tenerezza.[1]

In una cantica composta nel 1835 e intitolata *Le passioni* Silvio Pellico ricorda così la prima donna che ha amato: *"Del me passato aggiugnesi indivisa / Di palpiti d'amor soave istoria / Quando un'egregia m'infiammava in guisa, / Ch'io per lei sola ambia pietate e gloria, / Ch'io sempre in lei tenea l'anima fisa, / Che d'un sorriso suo per farmi degno, / Sempre agognava ingentilir lo ingegno!"*[2]

Lo scrittore piemontese Giorgio Briano racconta che una sera, mentre tornava a casa a piedi assieme a lui, Silvio Pellico si sia fermato di fronte ad una porta e gli abbia confidato che lì aveva abitato il suo primo amore, la donna che, secondo Briano, avrebbe ispirato il personaggio di Francesca nella *Francesca da Rimini*.[3]

Nel 1806, dopo il fallimento dell'attività commerciale gestita dal padre, Silvio Pellico viene inviato a Lione presso un ricco zio materno. Egidio Bellorini ha ipotizzato che durante questo soggiorno il Pellico si sia innamorato della cugina e abbia vissuto un amore infelice come quello che vive il

---

[1] P. MARONCELLI, *Addizioni alle mie prigioni di Silvio Pellico*, in S. PELLICO, *Le mie prigioni*, Milano, Rizzoli, 1987, pp. 27-28.
[2] S. PELLICO, *Poesie inedite*, Torino, Tipografia Chirio e Mina, 1837, I, pp. 144-145.
[3] G. BRIANO, *Silvio Pellico*, Torino, Unione Tipografico-editrice, 1861, pp. 12-13.

trovatore Adello nell'omonima cantica, composta dal Pellico durante il periodo del processo e pubblicata a Torino nel 1830.[4]

Le delusioni subite e la debolezza della salute, ma anche il desiderio di avere un comportamento moralmente irreprensibile, necessario per una persona che si occupa dell'educazione di due bambini piccoli (nel 1816 i figli del conte Luigi Porro, di cui lo scrittore era precettore avevano rispettivamente cinque e nove anni), allontanano per alcuni anni il Pellico dall'amore.

Solo nel 1819 Silvio Pellico si lascia coinvolgere di nuovo in una storia d'amore, importante e sofferta, quella con la marchesina milanese Cristina Trivulzio (Milano 1799 - 1852).

Nelle lettere dell'estate del 1819, indirizzate a Ferdinando Rossi di Vandorno, Silvio Pellico non nomina mai Cristina esplicitamente, ma confida all'amico che si è innamorato di una marchesina Trivulzio di vent'anni *"d'un cuore tutto schiettezza e soavi sentimenti."*

E aggiunge sempre nella stessa lettera (datata 20 agosto 1819): *"Non voglio più amare – se posso. – Disgraziatamente v'è quella compagna delle passeggiate mie solitarie, quella fanciulla di 20 anni, quella che mi porgeva il latte, dopo averlo libato colle sue labbra – la sua immagine è qui, profondamente scolpita; ma no, non sarà amore. Non abbiamo proferito altro nome che quello di amicizia. – Il pericolo era passato, tutta la brigata s'era sciolta; io ero venuto via da Balbianino; stavamo qui alla Cascina, Porro ed io – quand'ecco una sera – eravamo mezzi addormentati sopra un sofà – compariscono dei cappellini – tre donne; la madre e le due figlie[5] – io balzai come un innamorato di 15 anni."*

---

[4] E. BELLORINI, *Spigolature pellichiane. I primi amori di Silvio Pellico*, Saluzzo, Tipografia Bovo e Baccolo, 1903.

[5] La contessa Beatrice Serbelloni Trivulzio con le due figlie: Cristina e Rosina, nate ad un solo anno di distanza, la prima nel 1799, la seconda nel

Nel novembre del 1819 Cristina Trivulzio sposa il conte milanese Giuseppe Archinto[6] che lo storico Raffaello Barbiera descrive come un marito dal carattere geloso e possessivo.[7]

A Cristina sono dedicati alcuni versi contenuti in una cantica, intitolata *Le Chiese*, in cui il Pellico ricorda una donna che aveva la possibilità di incontrare in una chiesa di Milano: "*E in talun di quegli alberghi santi / Una donna io vedea ch'erami stella; / E a lei movendo i guardi miei tremanti, / S'umiliava mia ragion rubella / Mi parea ch'a me un angiolo davanti / Stesse per me pregando, e allora in quella / Amica del Signor ponendo io speme / "Ah, sì, diceva in ciel vivremo insieme!"*[8]

Nella primavera del 1820 Silvio Pellico si innamora dell'attrice Teresa (Gegia) Marchionni (Firenze 1785 - Torino 1879) per cui scrive il vaudeville *La festa di Bussone* che viene rappresentato al teatro Re di Milano il 28 giugno 1820.[9]

Nell'agosto del 1820 Silvio Pellico si trova a vivere un momento particolarmente difficile. Prima deve affrontare la morte (per tisi) dello scrittore Ludovico Di Breme che, dopo la partenza di Ugo Foscolo per l'esilio, aveva rappresentato per lui un punto di riferimento affettivo e letterario, poi deve accettare il distacco da Gegia che lascia Milano con la compagnia teatrale, di cui fa parte.

1798. Le due sorelle e si sposeranno entrambe 1819, la prima con il conte Luigi Archinto, la seconda con il conte Giuseppe Poldi Pezzoli.

[6] V. MONTI, *Il ritorno d'amore al cespuglio delle quattro rose per le nozze della signora D. Cristina Trivulzio col signor conte D. Giuseppe Archinto*, Milano, Tipografia Silvestri, 1819.

[7] R. BARBIERA, *Passioni del risorgimento. Nuove pagine sulla Principessa di Belgioioso e il suo tempo con documenti inediti ed illustrazioni*, Milano, Treves, 1903.

[8] PELLICO, *Poesie inedite*, cit.

[9] G. CAGNO, *Silvio Pellico librettista e traduttore per la Gegia Marchionni*, Torino, Tipografia Sane, 1921.

Unico confidente delle sue tristezze e e dei suoi dubbi resta dunque Piero Maroncelli, a cui il Pellico confida in un biglietto: "*E' vero sono amato, ma non sono punto più felice di te. La lontananza accresce la mia passione; io non deliro che Gegia, e l'idea di non poterle più vivere vicino mi toglie ogni pace.*"

Nell'ottobre del 1820 pochi giorni prima di venire arrestato Silvio Pellico scrive alla donna amata una lettera in cui sembra presagire le sofferenze che lo attendono: "*Compiangimi, compiangimi mia buona amica, io non sarò mai felice! Ogni speranza di bell'avvenire svanisce e quanto più mi vedo nell'impossibilità di superare i crudeli decreti che mi separano da te, tanto più sento ch'io t'amo, e che senza di te la mia vita non ha che amarezza.*"

Dopo la liberazione dal carcere l'attrice Teresa (Gegia) Marchionni rappresenta ormai per il Pellico un amore impossibile.

Il Pellico sa che la sua famiglia non accetterebbe mai il matrimonio con un'attrice e se, a trentun anni era pronto a lottare per lei, ora, sentendosi in debito verso i genitori che l'hanno riaccolto in casa, si arrende e in una lettera del 9 maggio 1831 scrive in tono malinconico a Piero Maroncelli: "*Carlotta [l'attrice Carlotta Marchionni, cugina di Teresa] e tutta la sua famiglia sono sempre quelle eccellenti anime d'una volta, ma non vado spesso da loro. Vi sono stato circa quindi giorni fa, e parlammo molto di te.*"

Quirina Mocenni Magiotti
in un ritratto del 1813,
amante per breve tempo di Ugo Foscolo
oltre ad aver collaborato all'edizione di molti inediti
foscoliani ha avuto con il Pellico un rapporto epistolare
durato per trent'anni dal 1816 al 1846.

Nota al testo

- Gli autografi delle lettere indirizzate a Teresa (Gegia) Marchionni (nel periodo giugno-ottobre 1820) e del biglietto indirizzato a Piero Maroncelli sono conservati nell'Archivio di Stato di Milano insieme alle carte del processo contro i carbonari milanesi, conosciuto anche come processo Pellico-Maroncelli, dal nome dei due imputati principali.

- Gli autografi delle lettere indirizzate a Ferdinando Rossi di Vandorno nell'estate del 1819 sono conservati nell'Archivio dell'Istituto per la Storia del Risorgimento Italiano di Roma (Collocazione: busta 539, inserto 41, lettere 11 e 12).

- L'autografo della lettera del 9 maggio 1831 indirizzata a Piero Maroncelli era conservato in passato nel Museo di Risorgimento di Forlì ed è conservato attualmente nel Fondo Maroncelli della Biblioteca Comunale "A. Saffi" di Forlì.

- L'autografo della lettera dell'ottobre 1831 indirizzata a Quirina Mocenni Magiotti è conservato nella Biblioteca Marucelliana di Firenze (Collocazione: Manoscritti D36; le lettere fanno parte della donazione fatta a fine Ottocento alla Biblioteca Marucelliana da Diego Martelli, critico d'arte, amico dei pittore impressionisti, figlio di Ernestina Martelli, nipote di Quirina Mocenni Magiotti).

- Nelle lettere a Teresa Marchionni la datazione è stata lasciata così come l'ha scritta l'autore. Nel caso in cui non sia presente l'indicazione del luogo di partenza della lettera, il dato, ricavato dal contenuto della missiva, è stato inserito tra parentesi quadre.

Lettere d'amore
a Teresa (Gegia) Marchionni

*Paolo e Francesca protagonisti del più grande successo
teatrale del Pellico in una litografia dell'800.*

1.

Cugina Teresa

Scrivo alla meno pigra delle due cugine, perché mi lusingo che non mi lascerà senza due righe di sua mano. Ella deve credere che mi recherà un piacere infinito. – L'affanno in cui mi teneva la situazione di Lodovico,[10] è molto scemato da che l'ho veduto. – V'è sempre pericolo, ma non imminente: gli sbocchi di sangue si sono fermati grazie alla immensa quantità che il Chirurgo gliene ha cavato. – Egli è pieno di coraggio, e sorprende per la forza d'ingegno che conserva in tanto abbattimento di vigore fisico. – Parla con tenerezza di tutti i suoi amici, e m'ha pregato di mandare un suo saluto alla signora Carlotta.[11] – Ella ammabile Gegina, glielo porga. – Tremo di abbandonarmi troppo alla speranza riguardo al mio amico. Il medico mi dice che un nuovo sbocco di sangue può riuscire fatale. – Che trista vita è la mia! E qui non ho il compenso di passare qualche momento beato in compagnia delle mie care cure! – Non vedo il sorriso e non odo il canto della Gegina! – Davvero che quando si sono prese troppo dolci abitudini, il dovervi rinunziare amareggia assai l'esistenza.

Mi fermo qua pochi giorni. S'ella vuole ch'io abbia il bene di leggere i suoi caratteri, non esiti, non ascolti la pigrizia, mi

---

[10] Lo scrittore torinese Ludovico di Breme che dopo la chiusura della rivista *Il Conciliatore* era tornato nella sua città e che Silvio Pellico aveva rivisto nel giugno del 1820, quando era andato a Torino a trovare i genitori.

[11] L'attrice Carlotta Marchionni, che Silvio Pellico aveva conosciuto grazie a Ludovico Di Breme e che era diventata l'apprezzata interprete nei maggiori teatri italiani della sua *Francesca da Rimini*. Nel 1816 Carlotta era stata l'amante di Ludovico Di Breme e anche dopo la fine della loro relazione, erano rimasti legati da un rapporto di stima e di affetto.

scriva subito, subitissimo due parole. Mi dica che fa la signora Bettini, la signora Carlotta, e tutte le persone loro care compresa l'ottima famiglia Berini.

Se per la salute di Lodovico io dovessi fermarmi più che or non penso a Torino, ella disponga come assoluta padrona, della mia Farsetta. Qualora vi abbisognino parole cantabili, preghi l'egregio Maroncelli di supllire. Egli è buon Poeta, e gli lascio tutti gli arbitrii. – Me lo saluti tanto. –

In mezzo alla sua allegria, signora Gegina, si ricordi qualche volta di chi vive mesto assai. Bisogna pure che le cugine mi sieno care, giacché anche in mezzo alle più serie afflizioni, esse non mi fuggono un istante dalla memoria.

Lo scrittore Ludovico Di Breme.
Nel giugno del 1820 Pellico era stato a Torino
per fare visita all'amico gravemente ammalato.

2.

[Torino], lunedì 12 giugno [1820][12]

Cugina amatissima,
Farò vedere all'amico la lettera ch'Ella ha avuto la gentilezza
di scrivermi il giorno 10, col postscriptum dell'ottima Carlotta.
Egli continua adagio adagio a migliorare, e carissimo gli è
l'interesse che per lui prendono le persone ch'egli ama e stima.
Ei pretende che la mia presenza è quella che gli restituisce la
vita, e mi scongiura di non abbandonarlo così presto. Povero
amico! Vorrei passare tutti i miei giorni accanto a lui, niun
cuore sulla terra mi ama come il suo; ma converrà pure ch'io
mi separi da lui, per ritornare a Milano. Nondimeno invece di
partire Mercoledì, ho promesso di fermarmi tutta la settimana;
frattanto vedrò se il miglioramento di Lodovico è pienamente
assicurato. I medici non osano ancora affermare che ogni
pericolo di sbocco di sangue sia svanito; essi tuttavia mostrano
di sperar molto. Io sto poco bene e credo che appena giunto a
Milano mi farò cavare sangue; qui non voglio pormi in mano
dei medici per non inquietare la mia famiglia, ma ho febbre,
difficoltà di respiro, convulsioni, tutti i diavoli addosso. Sento
con gran piacere che in casa Marchionni si sta bene. Saluti
tanto per parte mia la buona Mammina e la cugina Carlotta,
come pure tutta la famiglia Berini, il signor Calamari, il signor
Maroncelli, tutti insomma gli amici. Caponago mi scrive che
Venerdì le due farse con musica furono cantate sommamente

---

[12] Autografo nel Museo civico di Torino, a differenza delle altre lettere
pubblicate per la prima volta dallo scrittore Angelo Brofferio nel suo libro
"Ai mie tempi" e poi riprodotte nell'edizione dell'epistolario del Pellico
stampata nel 1856 dalla Le Monnier, questa lettera è stata pubblicata per la
prima volta soltanto nel 1904 nella biografia del Pellico scritta da Luisa
Pedraglio.

bene e che la signora Gegina aveva una voce da paradiso! Quanto ho perduto a non esservi!

Prosegua, gentile amica, a ricordarsi un pocolino di me, da lontano le sue lettere mi fanno lo stesso bene che mi fa da vicino il suo canto. Spero che prima di partire io riceverò ancora i suoi caratteri.

Addio. Dica alla signora Carlotta che tutti i Torinesi anelano alla fortuna di rivederla su questo teatro. La contessa di Masino ne parla con entusiasmo; molti uomini di merito ne parlano da innamorati; fra essi non nominerò che il Principe della Cisterna, garbatissimo giovane. V'è al teatro Carignano la compagnia Perotti; l'ho veduta una sera, e non vi torno più.

Addio di nuovo con tutto il cuore.

Suo affez. mo Silvio

Piero Maroncelli che nell'estate del 1820 corteggiava con poca fortuna Carlotta Marchionni che era nello stesso periodo corteggiata anche da Giulio Caponago. Pellico era amico di entrambi e quindi ne raccoglieva le confidenze e cercava di tenersi in equilibrio tra i due, anche se sembra dai biglietti rimasti negli atti del processo che fosse più favorevole a Maroncelli.

3.

[Milano], Giovedì, 22 giugno 1820[13]

Mia adorata amica.

Non chiedo che tu mi risponda; le tue occupazioni non ti lasciano tempo di scrivere: non ti sdegnare dunque s'io ti scrivo; non ti chiedo se non che tu abbia la pazienza di leggere le espressioni de' miei sentimenti per te. – Ho bisogno di dirti ch'io t'amo, di ridirtelo, di giurartelo; e in quelle ore ch'io passo in casa tua, non mi è mai dato di star libero, e solo con te un istante. – Sì, io t'amo! O era d'uopo ch'io non tel dicessi mai, o è forza ch'io tel ripeta ogni giorno. – Se tu sapessi la febbre che ho nel cuore, se tu sapessi come la tua immagine, i tuoi sorrisi, i tuoi detti, sempre scolpiti nella mia mente, mi fanno continuamente palpitare; se tu sapessi come i miei sonni sono turbati e brevi da che ho – non se debbo dire la fortuna o la sciagura di conoscerti – tu mi compiangeresti, o Gegia! Io sono in uno stato di pena inesprimibile. Perché m'hai tu vietato di ripartire per Torino? Questo tuo divieto, e le tenerissime parole di amicizia che ti compiacesti di dirmi m'inondarono per un momento il cuore di gioja; - ma a questa gioja succede

---

[13] La lettera porta la data del 22 giugno, ma, come si intuisce dal contenuto, è stata scritta nell'arco di due giorni. Silvio Pellico aveva probabilmente preparato la lettera, pensando di darla a Gegia la sera del 21 giugno, in cui sarebbe stato festeggiato il compleanno di Carlotta. Nel momento in cui si trova di fronte a Gegia decide invece di non affidare più la sua dichiarazione ad una lettera, ma di rivelare direttamente alla donna che ama i propri sentimenti. Accenna tuttavia, nel discorso con lei, alla lettera che le aveva preparato e, a quel punto, Gegia gli chiede di consegnargliela. Tornato a casa, il Pellico la rilegge e aggiunge una seconda parte, in cui, facendo riferimento alla risposta negativa di Gegia che le ha promesso solo la sua amicizia, lo scrittore che le chiede di donargli: "un'amicizia che molto molto si assomigli all'amore!"

un turbamento maggiore di prima. Sì; io t'amo più di prima, io ardo ogni dì di più. Dal punto in cui ti ho svelato il segreto del mio povero cuore, mi sembra che una nuova indissolubile catena mi si sia avvinta intorno all'anima.

Avanti di confessarti l'amor mio, io m'immaginava di non aver perduta interamente la mia libertà, io credea d'essere ancora in qualche modo padrone di me, o se nol credeva, io mi sforzava di sperarlo. – Ora, ho giurato d'amarti, e sono tuo per tutta la mia vita. – Ieri allo sfuggirmi del mio segreto è cominciata una nuova epoca della mia esistenza: ho varcato un passo fatale; nulla può più ritrarmene. Non vedo che un abisso di dolori innanzi a me, ma non posso retrocedere, conviene ch'io mi v'inoltri, ch'io vi perisca.[14]

Adorata cugina, unico mio pensiero, Gegia, mia cara Gegia! Cento volte al giorno io ripeto fra me: che diverrò? Quale orribile avvenire prevedo? Separarmi da lei, non più vederla! – eppure questa spaventosa idea non è quella che più mi strazia il cuore: un'altra più crudele idea mi fa abborrire la vita. Il tuo gentile animo che oggi non sente amore, non è stato creato per vivere indifferente: tu t'innamorerai di qualche mortale più felice di me: io ho un presentimento di ciò... tu mi sarai rapita, tu amerai, ma che altri t'ami quanto t'amo io, non crederlo, Gegia, non è possibile.-

Ah! Perché il cielo m'ha dato un cuore tutto ardente d'amore, e non m'ha ornato di tutti quei pregi esterni che innamorano, che ispirano una vera passione! Perché non ho io la millesima parte delle tue grazie, della tua leggiadria, dell'incanto che è diffuso su tutta la tua celeste persona! – Ridi pure, e rida teco la buona cugina Carlotta, io ve lo permetto; ma tant'è: a me non era mai

---

[14] Nel giugno del 1820 Silvio Pellico aveva aderito alla Carboneria e il senso di angoscia e di smarrimento che provava non era dovuto probabilmente solo al fatto di non essere ricambiato da Gegia, ma anche dalla consapevolezza dei rischi a cui la sua scelta politica lo esponeva.

importato d'essere brutto né bello. Ora m'adiro colla Natura che non mi ha fatto il più bello, il più amabile, il più seducente degli uomini. – Quando per lo passato io mi sentiva inclinazione per una donna, io diceva: Se le sono simpatico l'amero, se non prova simpatia fuorché per i bei giovani, saprò non curarmene. – Oh, come sono cangiato! Nulla può consolarmi di non avere in me tutto ciò che la bellezza e la fortuna e l'ingegno hanno di magico onde impadronirmi del tuo cuore. – Vorrei offrirti in me l'uomo il più degno d'angelica creatura qual tu sei, ma ciò che ho di te degno non è altro che un'anima immensamente capace d'amore!

Sono infelice tu m'hai reso infelice, tu m'hai reso amaro tutto ciò che un giorno formava la dolcezza dei miei giorni. Per cagion tua, ogni cosa al mondo m'è divenuta molesta, fuorché te e la tua cugina e gli oggetti che ti circondano. – Ma i miei pensieri sono sconnessi non so neanche più ordinare le mie idee. Il mio cervello stanco delle continue veglie è esausto di forza lo sento ardere. Credimi; o impazzisco o muojo d'amore.

Ti voleva dire tante cose, e t'ho scritta la più insipida lettera del mondo! Ah! Gegia, perdonami; io avrei dovuto ringraziarti dell'avermi assicurato della tua amicizia! – io dovrei essere pago di questo tenero sentimento! – Di che dunque mi lagno? Ti giuro che apprezzo la tua amicizia; sono certo che me la serberai sempre... Ma, oh Dio! l'amor tuo, Gegina, l'amor tuo, chi mai lo possederà? – Tu non vedi di che freddo sudore mi si copre la fronte.

Ieri ti dissi ch'io t'avea scritto; tu m'imponesti di darti la mia lettera. Eccola, anima mia. – Ma oh quanto sono meno malinconico oggi che jeri! l'aver passato vicino a te tutta la sera, l'essermi beato udendo i tuoi cari racconti, l'essermi veduto trattare con tanta fratellanza e bontà da te e da Carlotta, i tuoi amabili scherzi, i suoi, i pensieri mesti che abbiamo diviso insieme... tutto questo mi ha riempito il cuore di dolcezza. – Ah! se non puoi amarmi d'amore, Gegia, amami almeno con tale amicizia che molto molto si assomigli all'amore.

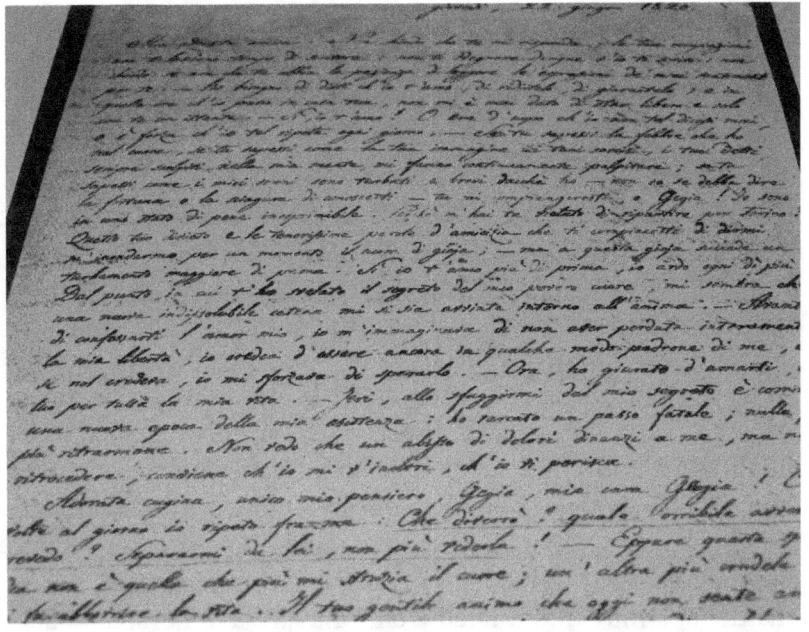

La lettera del 22 giugno 1820 in cui Pellico rivela a Gegia tutta l'intensità del suo amore (foto di Cristina Contilli).

4.

Milano, 20 luglio 1820

Non avrò mai più felicità, se tu non permetti che durante il tuo soggiorno a Milano, io ti veda il più spesso possibile. Non t'incomodi la mia presenza; adempj alle tue faccende domestiche; lasciami in un angolo della stanza; prenderò un libro, scriverò, tacerò; fa conto ch'io non vi sia; ma concedi ch'io stia lì a mirarti quando passi da una camera all'altra, concedi ch'io mi consoli udendo il suono della divina tua voce, e ricevendo di tratto in tratto un tuo sguardo, un tuo sorriso. – Finirà un dì per te la noja dell'avermi sempre vicino. Sei buona; sopporta, se non per amore, - almeno per pietà de' miei martirj – la troppa frequenza delle mie visite. – Oh! Il respirare a te dappresso mi fa tanto bene! Né tu, mio angiolo, né Carlotta, né la tua ottima zia, niuna di voi sarà sì crudele per offendersi s'io cerco qualche ristoro a' miei mali col vederti sovente. – Verrà tempo in cui mi ricorderete, e io non sarò più lì ad importunarvi; o se il mio spirito sarà vicino a te, Gegia, tu non lo saprai. –

Che dirti dell'anello che m'hai dato? Non vorrei ringraziartene; vorrei sgridarti; vorrei rimproverarti la poca stima che fai di me, giacchè ti vergognavi di accettare un mio regaluccio.[15] I regali non avviliscono se non quando la persona che li offre ha un animo spregevole. Tu questa mane m'hai trattato duramente: il tuo cuore non sentiva nulla di pietoso per l'uomo che ti adora. – Ma perdona queste lagnanze; perdonale, sai. Io guardo nel mio dito l'anello che già portavi nel tuo, bacio questo dolce pegno della tua amicizia, il mio cuore si dimentica

---

[15] Per il suo temperamento libero e indipendente la Marchionni non accettava generalmente i regali degli ammiratori, perché sapeva che erano spesso omaggi di persone che desideravano ottenere qualcosa in cambio da lei. Per questo il Pellico ci tiene a precisare che il suo dono non può essere incluso tra questi omaggi, ma è il dono di un uomo sinceramente innamorato che vuole solo affidare alla propria donna un segno tangibile del loro legame. La Marchionni non era però innamorata del Pellico, verso cui provava solo un sentimento di affetto e di tenerezza, perciò, anche vedendo l'onestà delle intenzioni che stavano dietro al dono, in un primo momento aveva restituito l'anello e aveva finito per accettarlo, soltanto prima di lasciare Milano.

la tua severità di stamane, né più altro sente che amore immenso, eterno amore. I pochi istanti di dolcezza che mi permetterai di passare vicino a te, ti sieno dal cielo rimunerati con giorni sempre tranquilli... Ah! non simili a quelli, che a me avanzano!

Silvio tuo

Carlotta Marchionni in una litografia dell'800 in cui viene definita come la più grande attrice drammatica vivente e in cui vengono ricordate le sue qualità e i suoi successi.

5.

Dal lago di Como, 10 ottobre, 1820

Mia cara Gegia
Giudica dell'infinito dispiacere che m'accora: dopo essermi tanto lusingato di passare a Brescia nel nostro ritorno da Venezia, tutt'in tratto per affari premurosi, il conte Porro ha dovuto da Mantova[16] recarsi direttamente a Milano, ed essendogli io necessario è convenuto ch'io lo seguissi.

E siccome è destino che i dispiaceri si accumulino tutti uno sopra l'altro, anche da Torino me ne vengono di tali che ormai non ho più speranza alcuna di superarli. Aggiungi a ciò il dolore che ho provato nell'intendere (appena arrivato a Milano) che il nostro povero Maroncelli era stato arrestato. Il mio arrivo fu domenica e Maroncelli era stato arrestato venerdì. Sapendo che questo giovine è incapace di male azioni, ho subito cercato di sapere se mai fosse stato in qualche rissa, e se questo arresto fosse di poca conseguenza: ma nulla ho potuto rilevare, se non che egli aveva scritto a Bologna una lettera la quale fu letta dalla Polizia, e che perciò egli era stato posto in prigione.[17]

---

[16] Silvio Pellico e il conte Luigi Porro erano stati ospiti per alcuni giorni del nobile mantovano Giovanni Arrivabene che avevano cercato di persuadere, senza riuscirci, ad aderire alla Carboneria. Arrestato per non aver denunciato i due amici, l'Arrivabene riuscirà a dimostrare la propria innocenza e ad essere rilasciato. Dopo l'uscita dal carcere di Venezia, nel timore di venire nuovamente arrestato, deciderà, su consiglio di Teresa Casati, di passare lo stesso il confine e di rifugiarsi a Parigi insieme allo scrittore Camillo Ugoni, ex collaboratore della rivista *Il Conciliatore* e vicino agli ambienti della Carboneria milanese (G. ARRIVABENE, *Intorno ad un'epoca della mia vita: memorie del conte Giovanni Arrivabene; con l'aggiunta di sei lettere inedite di Silvio Pellico*, Torino, Unione Tipografico-Editrice, 1860).
[17] Silvio Pellico cerca di minimizzare nella lettera la gravità della situazione in cui si trova dopo l'arresto di Maroncelli, ma il suo viaggio a Como nella villa del conte Porro aveva lo scopo di distruggere documenti compromettenti che avrebbero potuto, se scoperti dalla polizia austriaca,

Sono persuaso che sarà innocente e che nulla gli faranno di male quando sarà scoperta la sua innocenza, ma intanto m'affligge di non potergli essere di alcuna utilità. Caponago medesimo, quantunque non avesse punto amicizia con lui, pure dopo questo caso, si mostra sensibilissimo alla disgrazia di quell'infelice.[18] – A tutte queste mie afflizioni è anche qualche cosa di più il non poter passare questi giorni in compagnia di Caponago. Il giorno del mio arrivo a Milano egli partiva con grande rincrescimento per la campagna. Almeno avessi potuto condurlo in campagna qui a Como, dove ho da fermarmi alcuni giorni, e dove ho la sventura di non avere nessuno con cui parlare della cara famiglia Marchionni e dell'adorata mia Gegia. La compagnia di Giulio mi sarebbe veramente stata necessaria per confortare l'animo mio desolatissimo. – Compiangimi, compiangimi mia buona amica, io non sarò mai felice! Ogni speranza di bell'avvenire svanisce e quanto più mi vedo nell'impossibilità di superare i crudeli decreti che mi separano da te, tanto più sento ch'io t'amo, e che senza di te la mia vita non ha che amarezza.

Un solo contento ho provato ritornando a Milano e fu d'intendere da Giulio che la nostra ottima signora Bettina è ormai perfettamente ristabilita. Me ne consolo proprio di cuore. Abbi cura di quell'eccellente zia. Possa la sua salute formar sempre la consolazione di Carlotta e di te! – Salutala tanto per parte mia. Saluta egualmente ed abbraccia la mia divina Carlotta. Dille che ella ha fatto un miracolo. Ho sempre creduto Giulio un po' leggiero, ma vedo che quando si ama Carlotta, non si può più essere incostante. Egli è tutt'ora innamoratissimo.

---

portarono all'arresto sia del Pellico sia del conte Porro.
[18] Giulio Caponago e Piero Maroncelli era rivali in amore, perché erano tutte e due innamorati dell'attrice Carlotta Marchionni.

Addio, mia cara Gegia, anima mia. – Fra pochi giorni partiamo per il Castello di Masino, villeggiatura dove il Lodovico dovea venire in quest'anno, s'egli guariva, a passare l'autunno. Questo castello appartiene alla contessa di Masino che Carlotta conosce. E' in Piemonte. – Tu per altro scrivendomi puoi dirigere le tue lettere a Milano, donde mi saranno sempre mandate.

Silvio tuo

Cristina Archinto Trivulzio di cui Silvio Pellico si era innamorato durante un soggiorno sul lago di Como nell'estate del 1819.

NOTIZIE E TESTIMONIANZE SULLA FIDANZATA DI SILVIO PELLICO L'ATTRICE TERESA BARTOLOZZI-MARCHIONNI:

I miei tempi: Volumi 9-10 - Pagina 267

books.google.itAngelo Brofferio - 1859 - Google eBook gratis - Leggi

La donna di cui era amante a quel tempo Silvio Pellico , la sola forse che egli abbia amato col trasporto che troviamo espresso nella Francesca, è Teresa Bartolozzi, cugina di Carlotta Marchionni , che visse continuamente al suo fianco ...

Altre edizioni

La Compagnia reale sarda e il teatro italiano dal 1821 al 1855

books.google.itGiuseppe Costetti - 1893 - 230 pagine - Visualizzazione snippet

Le donne di casa Rosa, e prima di tutte la Gaetana, e la Giovannina e la Malvina, non che quella Teresa **Bartolozzi, detta Gegia, e cugina della Marchionni, gentile bellezza fiorentina che toccò il cuore di Silvio Pellico, ...**

Altre edizioni

Sentences: The Memoirs and Letters of Italian Political Prisoners ... - Pagina 46

books.google.itCharles Klopp - 1999 - 276 pagine - Anteprima

24 **Before their arrests as Carbonari, Maroncelli and Pellico frequented the same artistic circles in Milan and were in love with two actresses who**

were also cousins: Maroncelli with Carlotta Marchionni and Pellico with Teresa Bartolozzi ...

Opere scelte di Silvio Pellico

books.google.itSilvio Pellico, Carlo Curto - 1968 - 800 pagine - Visualizzazione snippet
Cade in questo periodo l'amore appassionato e contrastato per la Gegia, la Teresa Bartolozzi, cugina della celebre Carlotta Marchionni legata al Pellico, si sa, da sincera amicizia e alla quale il poeta doveva il suo primo successo ...
Altre edizioni

Adelaide Ristori: la marchesa del Grillo, un'attrice del Risorgimento

books.google.itMirella Cassisa, Liliana Naldini - 2000 - 134 pagine - Visualizzazione snippet
La conosceva molto bene, perché in quegli anni aveva una relazione amorosa con la cugina di lei, Teresa Bartolozzi, soprannominata Gegia. Lo scrittore-patriota l'amò molto ma, per le tristi vicende della propria vita e la malferma salute, non ...

Il Risorgimento italiano: Volumi 20-21

books.google.it1927 - Visualizzazione snippet
... (1) a cui ci fa pensare l'episodio così ben descritto de La chanson du troubadour, cantata in gondola sul Rio de Canonica da Carlotta Marchionni e della Teresa Bartolozzi verso le finestre delle carceri veneziane dove Silvio era prigioniero.
Altre edizioni

Il processo Pellico-Maroncelli secondo gli atti officiali segreti

books.google.itAlessandro Luzio - 1903 - 596 pagine - Visualizzazione snippet

A questo effetto trovasi una lettera di Teresa Marchionni, che ritengo nelle mie carte, nella quale questa giovane mi dà ll titolo di cugino. Trovasi di più una lettera di Silvio Pellico. che è pure nelle mie carte, ...

Altre edizioni

Due secoli di musica al Teatro Argentina: Volume 2;Volume 2

books.google.itMario Rinaldi, Mario Rinaldi - 1978 - 1636 pagine - Visualizzazione snippet

Gli altri **attori** erano **Teresa Marchionni**, Carolina Barberis, Luigia Pieri, il Prepiani, il Visetti, il Belisario, il Gottardi, il Rizzardi, il Gandolfi ».M Non vogliamo tralasciare di rammentare alcuni importanti awe- 79 MTR, 1933; ...

Altre edizioni

Tra poesia e cultura: Volume 1;Volume 1

books.google.itMario Scotti, Mario Scotti - 2000 - 822 pagine - Visualizzazione snippet

Mentre scrive a Teresa Marchionni parole confuse dall'empito dolorante della passione, si rivolge a Carlotta disinvolto, amabile, scherzoso e - sia pure il capriccio brillante di un'ora - le parole scivolano con timbro festivo.

Altre edizioni

In scena a Bologna: il fondo teatri e spettacoli nella Biblioteca ...

12 L 'americana condannata al rogo ovvero **L 'eroe spagnuolo
Stanislao Boldrini, Enrichetta Bonuzzi, Francesco Bo-
nuzzi, Giovanni Cesare, Erminia Gherardi, Luigi
Marchionni, Teresa Marchionni, Giovanni Marini,
Vincenzo Monti, Giuseppe ... (QUESTO E' LO
SPETTACOLO DEL 1827 RECITATO DALLA
COMPAGNIA DI LUIGI MARCHIONNI, FRATELLO DI
CARLOTTA, IN CUI RECITAVA ANCHE TERESA DI
CUI HO RINTRACCIATO IL MANIFESTO)**

**In tutte le biografie italiane del Pellico è scritto che Teresa
Bartolozzi (più conosciuta come Gegia Marchionni) è
sempre rimasta celibe, ma in una biografia in francese di
Pellico uscita a puntate nel 1854 nella Revue contemporaine
ho trovato scritto invece che Teresa si era sposata e aveva
avuto un figlio e che per questo motivo, una volta uscito dal
carcere, Silvio aveva rinunciato a lei anche se andando a
trovare Carlotta aveva l'occasione di vedere anche Teresa
che rispettava anche se i suoi sentimenti per lei non erano
cambiati.[19]**

---

[19] "Cet amour dont personne n'a parlé jusqu'ici et dont j'ai puisé le secret et
les détails à une source incontestable n'eut rien de pour la renommée de
notre poète Même au temps de son scepticisme les principes de morale sont
si fortement enracinés en lui qu'il saurait faiblir Sur ses vieux jours lorsqu'il
se rappellera cette du jeune âge Silvio Pellico pourra dire en parlant de la
Gegia qu il dit dans ses Prisons en parlant de la Zanze Dieu soit loué je puis
y penser sans remords Tout idéal tout pur qu' il fût amour cependant avait
un caractère d'extrême vivacité et il a profondément cette âme ardente
Silvio allait souvent chez la Marchionni dont il appréciait les rares qualités
et pour laquelle il toute sa vie une sincère sympathie mais faut il le dire il y
moins pour rendre hommage au mérite de la tragédienne que pour

Io ho effettivamente trovato citata in una sentenza per un'eredità del 1836 una Teresa Bartolozzi vedova Masini che non aveva avuto figli e a cui viene riconosciuto che le spettava un legato lasciatole dal marito che il nipote del coniuge defunto le aveva invece negato.

Se non si tratta di un caso di omonimia (purtroppo nel testo della sentenza non è indicato quanti anni aveva la Teresa Bartolozzi di cui si parla) potrebbe essere che Teresa si sia sposata mentre Pellico era in carcere e che sia rimasta vedova nel 1834 dopo pochi anni di matrimonio e che poi non si sia più risposata e sia dunque morta senza avere avuto figli.

---

rapprocher le plus possible de l'objet de son amour. Chez elle il la Gegia il entendait sa voix et quelquefois en embrassant avec effusion son enfant elle s'était mariée il laissait tomber sur ses roses une larme de douleur Pas un mot de plainte pas la parole qui vint trahir son affection du moment qu' elle eut donné sa à un autre homme Il respectait la femme d'autrui tout en se impuissant à dompter la passion qui l'attachait à elle. Mais la vouera quelque reconnaissance à la Gegia car elle lui doit peut la Francesca du Rimini. Les longs entretiens de Pellico avec les cousines réveillèrent en lui l'étincelle de la poésie. Carlotta était une tragédienne éminente l'esprit du poète devait sur un sujet tragique. Sa cousine était unie à un autre homme et l'histoire lamentable de la triste fin de la Francesca étudiée par lui les pages éternelles de la Divine Comédie devait frapper son imagination On peut donc supposer que ce fut sous l'influence de amour qu'il écrivit sa Francesca. (Ho fatto il copia ed incolla del testo tratto dalla Revue perché nel 1854 le lettere d'amore di Silvio a Teresa non erano ancora state pubblicate, Maroncelli nelle sue Addizioni aveva parlato a lungo di Carlotta Marchionni, dicendo anche erroneamente che aveva ispirato la Francesca del Pellico, ma non aveva nominato Gegia, nel 1854 perciò solo qualcuno che aveva degli amici a Torino poteva conoscere le vicende dell'amore di Silvio per Teresa detta Gegia che nei salotti torinesi erano nati, ma fuori da Torino erano inedite e da quello che ho potuto ricostruire erano ignote anche ad Antoine De Latour traduttore ufficiale del Pellico in Francia).

Tesoro del foro toscano, o sia, Raccolta delle decisioni del ...:
Volume 41 - Pagina 391

books.google.itTuscany (Italy). Supremo consiglio di giustizia, Lorenzo Cantini, Domenico Nenci - 1838 - Google eBook gratis - Leggi

Agosto 1836. quale Sentenza siccome valida, e giusta, conferma ordinandone la piena, e libera esecuzione seconda la sua jòrma, e tenore.' E condanna detto sig. Antonio Masini a favore della Teresa Bartolozzi vedova Masini nelle spese ...

Altre edizioni

L'attrice Carlotta Marchionni in un ritratto del pittore fiorentino Giuseppe Bezzuoli.

Ringraziamenti

31

Gli autografi delle lettere indirizzate a Teresa Marchionni sono i primi autografi di Silvio Pellico che sono riuscita a rintracciare durante l'estate del 2002, quando cercavo il materiale per presentare il progetto di ammissione al dottorato di ricerca.

Queste lettere non sono poi entrate nella mia tesi per ragioni cronologiche.

La mia tesi comprende, infatti, solo le lettere inedite scritte dal Pellico dopo la liberazione dal carcere.

Proseguendo nel lavoro di ricerca, ho rintracciato anche autografi di lettere che contengono al loro interno notizie utili per ricostruire le storie d'amore di Silvio Pellico e che ho usato per scrivere l'introduzione al presente volume.

Ringrazio perciò tutte le persone che mi hanno aiutata nel corso di questi quattro anni nel mio lavoro di ricerca.

In particolare ringrazio:

- la dott. ssa Maria Barbara Bertini dell'Archivio di Stato di Milano
- la dott. ssa Flavia Bugani della Biblioteca Comunale "A. Saffi" di Forlì
- gli impiegati dell'Istituto per la Storia del Risorgimento Italiano di Roma
- gli impiegati della Biblioteca Comunale "Mozzi-Borgetti" di Macerata.

Silvio Pellico ormai anziano
nel suo studio a palazzo Barolo.
(ritratto postumo realizzato nel 1861
e commissionato dalla marchesa di Barolo)

Bibliografia

R. BARBIERA, *Passioni del risorgimento. Nuove pagine sulla Principessa di Belgioioso e il suo tempo con documenti inediti ed illustrazioni*, Milano, Treves, 1903.

E. BELLORINI, *Spigolature pellichiane. I primi amori di Silvio Pellico*, Saluzzo, Tipografia Bovo e Baccolo, 1903.

G. BRIANO, *Silvio Pellico*, Torino, Unione Tipografico-editrice, 1861.

G. CAGNO, *Silvio Pellico librettista e traduttore per la Gegia Marchionni*, Torino, Tipografia Sane, 1921.

C. CONTILLI, *Le passioni di Silvio Pellico: amicizia, amore e scrittura nella vita di un poeta dell'Ottocento*, Torino, Edizioni Carta e Penna, 2006.

V. MONTI, *Il ritorno d'amore al cespuglio delle quattro rose per le nozze della signora D. Cristina Trivulzio col signor conte D. Giuseppe Archinto*, Milano, Tipografia Silvestri, 1819.

P. MARONCELLI, *Addizioni alle mie prigioni di Silvio Pellico*, in S. PELLICO, *Le mie prigioni*, Milano, Rizzoli, 1987.

S. PELLICO, *Poesie inedite*, Torino, Tipografia Chirio e Mina, 1837, I, pp. 144-145.

S. PELLICO, *Opere scelte*, Torino, Utet, 1978.